Hartmut Hühnerbein

Jede Chance hat ihr Gesicht

Mit Photographien von Wilhelm W. Reinke

Dieses Buch ist dem Chancengeber Berthold Kuhn gewidmet,
der über drei Jahrzehnte im Christlichen Jugenddorfwerk Deutschlands tätig war;
zunächst als Ausbilder und Direktor des CJD Maximiliansau,
einer Bildungseinrichtung der beruflichen Aus-, Fort- und Weiterbildung,
anschließend als Mitglied der Geschäftsleitung
und seit sechs Jahren im geschäftsführenden Vorstand des CJD.
Sein hauptamtlicher Dienst endete am 31. Dezember 2007.

Wir sagen ein herzliches Dankeschön
für sein unermüdliches Engagement!

Der Vorstandskollege Hartmut Hühnerbein
und der Vorsitzende des CJD Präsidiums Erich Schneider, Landtagspräsident a. D.

Der Reinerlös dieses Buches geht an die Berthold-Kuhn-Stiftung
zur Förderung der internationalen Arbeit des CJD.

Hartmut Hühnerbein

Jede Chance hat ihr Gesicht

Mit Photographien von Wilhelm W. Reinke

Die abgebildeten Personen sind Jugenddörflerinnen und Jugenddörfler.
Sie sind nicht mit den Menschen identisch, die in den Texten porträtiert werden.

Christliches Jugenddorfwerk Deutschlands e.V. (CJD)
Teckstraße 23
73061 Ebersbach
www.cjd.de

Info-Hotline: 01805 90 09 88 00 (12 Cent/Min.)
beratung@cjd.de

CJD Kinder- und Jugendstiftung
Stiftungsfonds Berthold Kuhn – Förderung der Internationalen Bildungsarbeit
Kontonummer 366 301 001
Commerzbank Dortmund
Bankleitzahl 440 400 37

Impressum
Photographien: Wilhelm W. Reinke
Redaktionelle Mitarbeit: Annette Wolf-Steinheil
Druck: Westermann Druck Zwickau GmbH, Zwickau

ISBN 978-3-9804392-3-7

© 2007 Verlag Frank-Michael Rommert, Gummersbach

Alle Rechte vorbehalten. Vervielfältigung, auch auszugsweise,
nur mit schriftlicher Genehmigung des Verlages.

www.rommert.de

Jede Chance hat ihr Gesicht

Vor über sechs Jahrzehnten gründete Arnold Dannenmann das Christliche Jugenddorfwerk Deutschlands. Aus den ersten kleinen Anfängen ist ein Bildungs-, Ausbildungs- und Sozialwerk herangewachsen, das heute an über 150 Standorten in Deutschland tätig ist. Dazu kommen Kooperationseinrichtungen im Ausland und die ersten CJD-Standorte in Rumänien und den Niederlanden.

Etwa 150 000 Kinder und Jugendliche, junge Erwachsene und Maßnahmeteilnehmer machen jährlich von den Bildungs- und Ausbildungsangeboten des CJD Gebrauch. Jungen Migranten werden Wege eröffnet zur Integration und Teilhabe an Schul- und Ausbildung. Straffällig Gewordene bekommen den Weg zurück zur Normalität eröffnet. Menschen mit körperlichen und psychischen Handicaps erfahren Hilfe, Unterstützung und Beratung.

Im Mittelpunkt der CJD-Arbeit steht der Mensch. Gemäß dem Leitgedanken des CJD-Gründers „Keiner darf verloren gehen!" ist und war das CJD immer wieder auch Ideengeber für neue pädagogische Konzepte, die jeder besonderen Notlage des Einzelnen gerecht werden wollten. Die biblische Botschaft und die daraus abzuleitenden christlichen Werte bilden die Basis für alles Handeln. Für die dem CJD Anvertrauten soll jedes Jugenddorf eine Begegnungsstätte mit Jesus Christus sein.

Jeder Mensch ist ein einmaliger Schöpfungsgedanke Gottes. In ihm sind eine Vielzahl von Gaben und Talenten angelegt. Sie zu entdecken und zur Entfaltung zu bringen, ist einer der pädagogischen Grundsätze. Das christliche Menschenbild hat den Mitarbeitenden im CJD nicht nur den Blick geöffnet für Ausgegrenzte, Randständige, Behinderte und Benachteiligte, sondern auch für die, die besondere Begabungen haben. Somit stand auch die Wiege der Hochbegabtenförderung für den schulpädagogischen Bereich im CJD.

Viele Problemlagen von Menschen begegnen uns häufig in Schlagzeilen und statistischen Erhebungen. Ein Gesicht bekommen unsere gesellschaftlichen Herausforderungen aber erst durch die persönliche Begegnung. Dieses Buch soll auf seine Weise solche Begegnungen ermöglichen. Es richtet sich dabei nicht nur an politische Mandatsträger sowie Verantwortliche in Wirtschaft und Handwerk, sondern auch an die Unterstützer und Förderer der CJD-Arbeit sowie an alle Leser, bei denen die Chancengeschichten erstmals ein phantasievolles und kreatives Nachdenken über die Frage auslösen, wie geholfen werden kann.

Danke sage ich denen, die uns ihre Geschichte erzählt haben, und denen, die sich haben fotografieren lassen. So ist dies doch nur ein kleiner Einblick in die Arbeit des CJD und eine Auswahl von Geschichten, die das CJD mit geprägt haben.

November 2007 *Hartmut Hühnerbein*

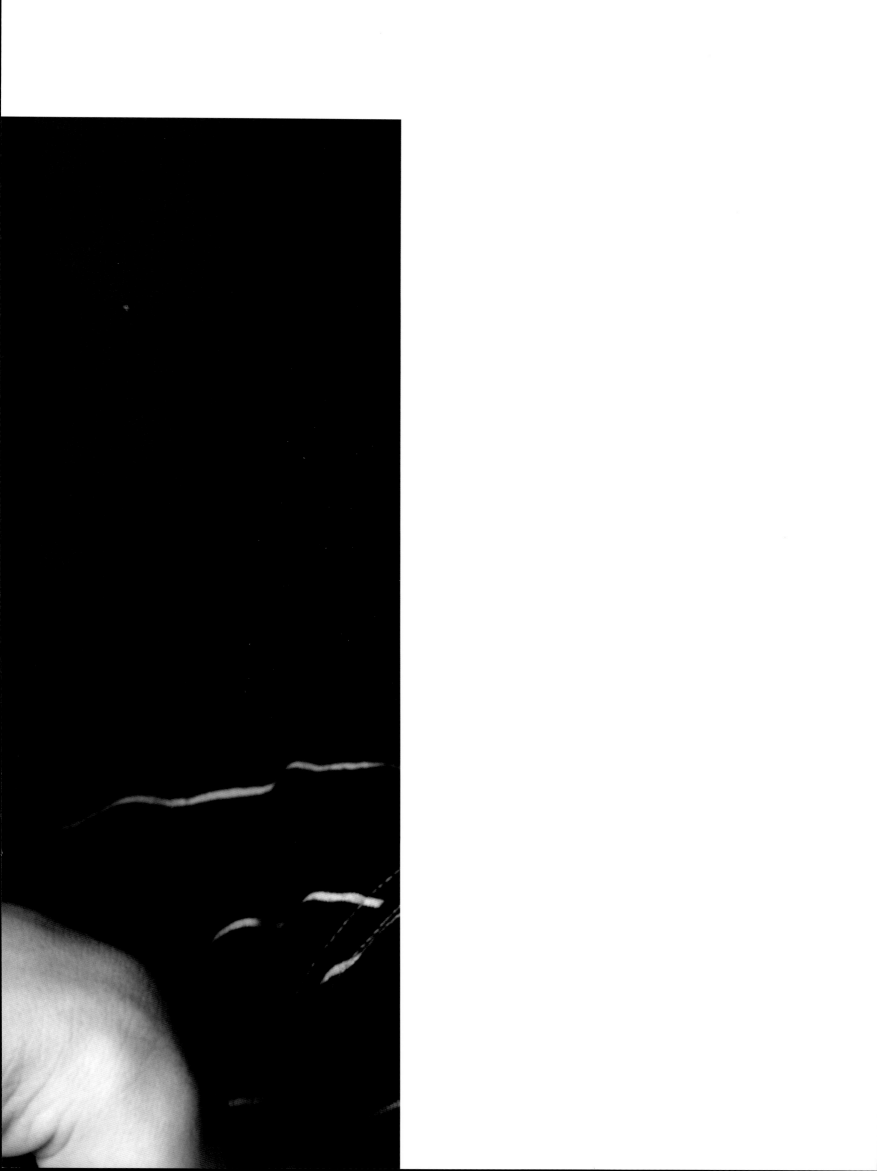

Statt draufhauen lernen, den Mund aufzumachen

„Im Projekt Chance war immer jemand für mich da." Das fällt **Jan,** 21, an dem Modellprojekt zum Jugendstrafvollzug in freier Form im **CJD Creglingen** auf. Für ihn ist das nicht selbstverständlich. Seine Eltern trennen sich, als er knapp zwei Jahre alt ist. Mit seinen beiden Schwestern wächst er bei der Mutter auf. Er versteht sich gut mit ihr, aber Grenzen setzen kann sie ihm nicht. Auch der Stiefvater, der vor fünf Jahren in die Familie gekommen ist und mit dem er sich „bombenmäßig" versteht, schafft dies nicht.

Jan kommt mit 19 Jahren ins Projekt Chance, weil er wegen Hehlerei und Betrug zu einer Haftstrafe von einem Jahr und acht Monaten verurteilt worden ist. „Angefangen, Blödsinn zu machen, habe ich etwa mit zwölf Jahren", erzählt er. „Damals vor allem aus Langeweile." Alkohol war für ihn und seine Freunde oft Auslöser für „krumme Dinger". Regelmäßig getrunken hat er seit seinem 14. Lebensjahr. Doch Jan behält trotz Alkohol und Drogen seine Zielstrebigkeit. Er macht die Förderschule zu Ende, besucht ein Jahr lang das Berufsvorbereitungsjahr und jobbt, weil er keine Ausbildungsstelle findet, in einer Zimmerei und beim Bauhof. „Unabhängigkeit war für mich immer wichtig", erklärt er.

Als Jan 16 ist, kommt seine Tochter auf die Welt, zweieinhalb Jahre später sein Sohn. Die Beziehung zu seiner Lebensgefährtin geht schnell in die Brüche, und er darf seine Kinder nicht mehr sehen. Durch seine Verurteilung hat Jan auch erst mal wenig Chancen, dies zu ändern. Nach 16 Monaten im Projekt Chance kommt es zu Gesprächen mit der Mutter und dem Jugendamt, und er sieht seine Kinder endlich wieder. „Sie sollen es besser haben als ich!", nimmt Jan sich vor. Deshalb will er vor allem die Trinkerei einschränken.

Nach eineinhalb Jahren wird Jan aus dem Projekt Chance entlassen. Gelernt habe er vor allem, seinen Mund aufzumachen und zu diskutieren, erklärt er. Früher habe er „draufgehauen", jetzt wisse er Konflikte anders zu lösen. Wichtig ist ihm in der Zeit im Projekt vor allem, dass er als Mensch gesehen wird und dass man ihn mit all seinen Stärken und Schwächen akzeptiert. „Hier war ich nicht nur eine Gefangenennummer, sondern wurde ernst genommen."

Schon während seiner Zeit im Projekt Chance begann Jan die Ausbildung zum Zimmermann, die er nach seiner Entlassung weitermacht. Eine Lehrstelle zu haben, ist für ihn mit das Wichtigste, um seine Zukunft so zu gestalten, wie er sie sich vorstellt.

Glanzabitur trotz Asthma

Johanna leidet an Asthma bronchiale des Schweregrades IV und an Neurodermitis. Durch die ständig notwendigen Krankenhausaufenthalte fehlt sie häufig in der Schule. Ihre schulischen Leistungen verschlechtern sich. Schließlich muss Johanna vom Gymnasium auf die Realschule wechseln. Auch dort kann sie mit dem Unterricht nicht mithalten. Gemeinsam mit ihrer Familie denkt sie schweren Herzens an den Wechsel auf die Hauptschule mit dem Ziel „Qualifizierter Hauptschulabschluss".

Als sie 14 Jahre alt ist, wird Johanna von einem Facharzt ins **CJD Asthmazentrum Berchtesgaden** überwiesen. Bei den Aufnahmetests an den CJD Christophorusschulen Berchtesgaden stellt sich schnell heraus, dass Johanna an der Hauptschule unterfordert wäre. Daher versucht sie den Einstieg in die neunte Klasse der Realschule. Im Asthmazentrum wird Johanna intensiv medizinisch, psychologisch, schulisch und sozialpädagogisch gefördert. Ihre Gesundheit stabilisiert sich und sie lernt, mit ihrer Krankheit umzugehen. Mit Begeisterung arbeitet sie in der Schule mit und holt Versäumtes auf.

Johanna schafft ihren Realschulabschluss mit einem Notendurchschnitt von 1,7. Sie wechselt in die elfte Klasse des Gymnasiums der CJD Christophorusschule. Innerhalb von sechs Monaten lernt Johanna zwei Jahre Latein nach. Das Abitur besteht sie mit 1,4. Heute studiert Johanna Medizin mit dem Ziel, Fachärztin für Kinderheilkunde zu werden. Durch die konsequente Anwendung des Asthmatrainings, das sie im CJD Asthmazentrum gelernt hat, kann sie mit ihrer Krankheit nun gut umgehen.

Eine Frau in der Männerwelt

Julia kann schon als kleines Mädchen nichts mit Puppen und schönen Kleidern anfangen, mit denen die anderen Mädchen spielen. Ein Tier zu haben, ist ihr dagegen sehr wichtig. Als sie zwölf ist, bekommt sie den heiß ersehnten Hund. Mit ihm durchstreift sie die Natur um Bad Rappenau und nimmt an Hundeturnieren teil. Manchmal wünscht sie sich aber, in einer größeren Stadt zu wohnen, um noch mehr vom Leben mitzubekommen.

Nach dem Hauptschulabschluss ist Julia klar, dass gängige Frauenberufe wie Friseurin oder Hauswirtschafterin für sie nicht infrage kommen. Sie würde gerne Polizistin werden, ist aber mit ihren knapp 15 Jahren noch zu jung. Auch für ein ökologisches Jahr auf einem Bauernhof zieht man sie wegen ihres Alters nicht in Betracht. Für eine Ausbildung zur Forstwirtin lehnt man sie ab, weil sie kein Mann ist.

Schließlich klappt es mit einer Ausbildung zur Wasserbauerin beim Wasser- und Schifffahrtsamt in Heidelberg, das den Neckar zwischen Mannheim und Heilbronn betreut. Julia lernt, wie Schleusen- und Wehranlagen repariert werden, wie man den Neckar ausmisst und Gehölz am Uferrand zurückschneidet. Sie ist froh, eine Ausbildung gefunden zu haben, bei der sie viel in der Natur ist.

Während des Blockunterrichts und der überbetrieblichen Ausbildung wohnt Julia im Internat des **CJD Geradstetten** bei Stuttgart. Dabei ist sie unter den vielen jungen Männern meistens die einzige Frau. In einer Pädagogin, die das Freizeitprogramm mitgestaltet, findet sie eine Vertraute. Julia genießt das vielfältige Angebot, das sie abends wahrnehmen kann: Wanderungen in der Natur oder Exkursionen, zum Beispiel zum Funkhaus des SWR. Sie lernt die Dynamik einer Gruppe kennen und findet darin ihren eigenen Platz.

Als Schwergewicht zum Superstar

Panagiotis wird in Griechenland geboren und kommt mit drei Jahren nach Deutschland. Zu Hause spricht seine Familie Griechisch, und Panagiotis fällt es schwer, Deutsch zu lernen. Er ist ein lebhaftes Kind und genießt Aufmerksamkeit. Weil seine Eltern beide arbeiten, muss er sich um die beiden jüngeren Brüder kümmern.

Bei Panagiotis' forschem Auftreten merken viele nicht, dass hinter der Fassade ein sensibler Mensch steckt. Um sich selbst zu schützen und um in der Masse nicht unterzugehen, isst Panagiotis viel und bekommt daher eine korpulente Figur. Durch seine Sprachschwierigkeiten kann Panagiotis dem Unterricht schwer folgen und stört Mitschüler und Lehrer beim Lernen. Er gilt als verhaltensauffällig und kommt nach der Grundschule auf die Sonderschule.

Ein halbes Jahr vor dem Ende seiner Schulzeit lernt er die Musicaltheater-Gruppe s'putnike <jungeKultur> im **CJD Nienburg** kennen. Zu Anfang hänseln die anderen Jugendlichen Panagiotis wegen seines Körpervolumens. Doch der junge Mann genießt die Theateratmosphäre und macht begeistert beim Training mit. Hier entfaltet er seine Talente bei Tanz, Bewegung, Theater, Sprache und Gesang. Auf der Bühne mausert er sich nach und nach zum heimlichen Star. Die Theaterarbeit gibt ihm Anerkennung, und er findet zum ersten Mal im Leben Freunde.

Von den Mitarbeitenden im CJD unterstützt, schafft Panagiotis seinen Hauptschulabschluss. Nach unzähligen erfolglosen Bewerbungen beginnt er im CJD Nienburg eine Ausbildung zum Holzwerker, aber er hält nicht durch und bricht die Lehre ab. Schließlich kann er ein Jahr an einem berufsbildenden Lehrgang der Bundesagentur für Arbeit teilnehmen und findet einen Arbeitsplatz in einem großen glasverarbeitenden Betrieb in Nienburg.

Mit s'putnike ist Panagiotis inzwischen mehr als hundert Mal auf der Bühne aufgetreten. Die Theaterarbeit ist immer noch seine Leidenschaft. In der Gruppe gehört der 21-Jährige nun zu den Erfahrenen, und er ist für viele ein Vorbild, weil er es geschafft hat, trotz eines schlechten Starts seinen Weg zu finden.

Dienstleistungsagentur als Chancengeber

„Das CJD war meine Chance", sagt **Christiane** über ihren Einstieg in die **CJD Dienstleistungsagentur in Landau.** Gelernt und gearbeitet hat Christiane im elterlichen Betrieb – und dabei drei Kinder großgezogen. Dann geht ihre Ehe zu Bruch und kurz danach muss der Betrieb wegen eines schweren Unfalls des Vaters schließen.

„Ich stand vor dem Nichts", erzählt die dreifache Mutter. Das Selbstbewusstsein am Boden – kein Vertrauen mehr in die eigene Kraft. Keiner aus ihrer Familie kann damals verstehen, dass Christiane putzen geht. Aber für sie ist die Arbeit wichtig, um wieder zu sich selbst zu finden. Sie fühlt sich aufgehoben und ernst genommen in der Dienstleistungsagentur. Doch es gibt auch schwere Momente, in denen sie aufgeben möchte: Einmal muss sie Weihnachten die Kinder einer kranken Mutter betreuen, während ihre eigenen Kinder das Fest beim Vater feiern.

Und obwohl sie oft nicht weiß, woher sie die Kraft zum Weitermachen holt, hält Christiane durch. Sie ist wieder stolz auf sich – gewinnt an Selbstbewusstsein. Heute arbeitet Christiane in einem Privathaushalt und einem Wohnheim für geistig behinderte Senioren. Sie koordiniert die Arbeit der Frauen aus der Dienstleistungsagentur, die die gesamte Reinigung sowie die Küchenarbeit leisten. In Volkshochschulkursen bildet sich Christiane weiter.

Die große Unterstützung, die sie durch das Team des CJD erfahren hat, gibt Christiane inzwischen an neue Kolleginnen weiter: „Viele der Frauen, die hier anfangen, haben schwierige Zeiten hinter sich. Ich kenn' das aus eigener Erfahrung und versuche, ihnen bei der Einarbeitung zu helfen." Im Gegensatz zu früher geht sie Konflikten nicht mehr aus dem Weg, sie kennt ihren Wert und kann sich selbst behaupten. „Ich habe erst mit 39 ganz neu angefangen, aber es hat sich gelohnt!"

Die Dienstleistungsagentur beschäftigt aktuell 81 Frauen, von denen 91 Prozent als schwer vermittelbar gelten. Sie arbeiten in Privathaushalten oder sozialen Einrichtungen, aber auch als Familienhelferin über die gesetzlichen Krankenkassen.

Vom Sonderschüler zum Meister

René denkt in seiner Schulzeit an alles – nur nicht ans Lernen. Er stört seine Mitschüler und gibt den Lehrern freche Antworten. Nach zwei Jahren Oberschule kommt er daher in die Sonderschule. Dort wird René ruhiger und zurückhaltender. Er fühlt sich nicht mehr richtig gefordert und zeigt seiner Lehrerin, dass er mehr kann.

Die Lehrerin unterstützt René, und der Schüler holt in einem Berufsvorbereitungsjahr den Hauptschulabschluss nach. Er will die Lehrer und Erzieher, die sich für ihn einsetzen, nicht enttäuschen, und nach einem halben Jahr platzt der Knoten: René kommt in die Leistungsklasse und schafft seinen Abschluss mit einem Durchschnitt von 1,7.

Im **CJD Sangerhausen** macht René eine Ausbildung zum Gärtner. Er fühlt sich wohl in der CJD Einrichtung und empfindet die Gemeinschaft wie eine große Familie. Die Erzieher nehmen sich Zeit für ihn und hören ihm zu. Wieder schafft René den Abschluss mit sehr guten Noten. Er will sich daher zum staatlich geprüften Techniker, einer Ausbildung vergleichbar dem Meister, qualifizieren. Weil er keine Fremdsprache spricht, erhält er erst auf Empfehlungen der Berufsschule, des CJD und des Amts der Landwirtschaft einen Studienplatz.

Wie sehr man René beim CJD schätzt, erfuhr der junge Mann zum Ende seines Studiums: „Du kommst natürlich wieder zu uns", war das Signal seiner ehemaligen Ausbilder. Heute ist René 26 und arbeitet als Meister beim CJD Sangerhausen. Auch einen Kurs über Rehabilitationspädagogik hat er inzwischen absolviert. Seinen Auszubildenden möchte er mit auf den Weg geben, dass sie bei Schwierigkeiten nicht aufgeben sollen.

Schwere Zeiten

In seinem letzten Jahr im Kindergarten nimmt **Gunnar** rapide zu. Der sonst so aktive Kleine wird träger. Mit den anderen rumtollen fällt ihm immer schwerer, die anderen Kinder meiden ihn. Gunnar schottet sich immer mehr ab. Dann kommt Gunnar in die Schule. Er ist ein guter Schüler – aber Sport ist für ihn eine Qual: Weil er immer dicker wird, wollen die Klassenkameraden Gunnar nicht in ihrer Mannschaft haben – er ist zu dick und zu langsam.

Gunnar ist neun Jahre alt, 1,48 Meter groß und wiegt 62,3 Kilogramm, als seine Hausärztin dem übergewichtigen Jungen eine Kur verordnet: Er kommt für sechs Wochen auf die Insel Rügen in die Fachklinik für Kinder- und Jugendliche des **CJD Garz.** Und verliert dort sechs Kilogramm. Gunnar hat in Garz gelernt, sich sinnvoll zu ernähren, und wieder Spaß am Sport gefunden: Heute ist er Mitglied im SC Potsdam, geht einmal die Woche schwimmen und freut sich jede Woche auf die Sport-AG. Seine Mitschüler akzeptieren den Jungen, der mittlerweile 11,8 Kilogramm abgenommen hat und noch längst nicht bei seinem Traumgewicht angekommen ist.

Gunnars Mutter ist stolz auf ihren Jungen und weiß, dass sie viel Mitschuld am Schicksal ihres Sohnes hat: Sie hat ungesundes und oft zu fettes Essen gekocht und die Probleme ihres Sohnes erst zu spät erkannt. „Dass Kinder nur von ihren Eltern lernen, muss nicht immer richtig sein. Eltern lernen genauso viel von ihren Kindern – ich habe es getan."

Die berufliche Richtung gefunden

Evelyn, 23, weiß jetzt, wie sie ihre Zukunft gestalten will: Sie möchte mit Kindern und Jugendlichen arbeiten. Bei einem Kompetenztest im **CJD Geradstetten** stellte sich heraus, dass sie gut mit Menschen umgehen kann und Spaß daran hat, sich vor allem um Jüngere zu kümmern.

Der Weg zu dieser Erkenntnis war lang. Nach der Mittleren Reife besucht Evelyn ein kaufmännisches Berufskolleg mit dem Schwerpunkt Fremdsprachen, weil sie gerne in andere Länder reist. Aber ihr Zeugnis ist nicht besonders gut, und sie findet nicht den ersehnten Ausbildungsplatz als Reiseverkehrskauffrau.

Um ihre Rechnungen bezahlen zu können, nimmt Eyelyn Aushilfsarbeiten als Putzhilfe, Kellnerin oder Kassiererin an. Es geht ihr nicht gut. Wie soll ihr Leben weitergehen? Evelyn sieht keine Perspektive und hat auch keine Motivation, auf die Suche zu gehen.

Schließlich schickt die Agentur für Arbeit sie zu einer sogenannten Arbeitsgelegenheit mit Mehraufwandsentschädigung ins CJD Geradstetten. Dort leben Auszubildende des Fachverbands Bau Württemberg e.V. während des schulischen überbetrieblichen Teils ihrer Ausbildung. Am Empfang kann Evelyn zeigen, dass sie arbeiten will und kann.

Zur Maßnahme der Arbeitsgelegenheit gehört auch die Kompetenzanalyse. Durch sie findet Evelyn endlich eine berufliche Richtung in ihrem Leben, und sie fühlt sich insgesamt wieder besser. Als Vorbereitung für ihre Ausbildung wechselt sie vom Empfang in den Bereich Freizeithelfer des CJD Geradstetten. Sie freut sich darauf, im Sommer mit ihrer Ausbildung zur Erzieherin an der CJD Arnold-Dannenmann-Akademie in Eppingen zu beginnen.

Letzte Chance auf eine Ausbildung

Diana ist 22 und hat noch keine Ausbildung. In einem elften Schuljahr hatte sie den Realschulabschluss nachgemacht und mehrere Ausbildungen begonnen. Doch sie scheiterten alle an ihrem schweren Asthma bronchiale, das sie auch psychisch belastet. Ihr aufbrausendes Temperament und ihre Angst zu versagen erschweren es Diana, sich einer Gruppe anzupassen und eine Arbeit durchzuhalten.

Doch Diana möchte unbedingt selbstständig werden. Ihre Mutter, bei der sie wohnt, unterstützt sie bei ihren Plänen. Diana überwindet ihre Mutlosigkeit und bewirbt sich in einer Videothek. Die Arbeit macht ihr Spaß: Der Kontakt mit Menschen, mit Zahlen und dem Computer lenkt sie von den abgebrochenen Ausbildungen ab.

Dann lädt die Reha-Abteilung der Agentur für Arbeit Diana ein, sich für eine Ausbildung zur Kauffrau für Bürokommunikation im **CJD Berlin** vorzustellen. Ihre Mutter begleitet sie zum Vorstellungsgespräch. Die Ausbilderin und der Sozialpädagoge sind Diana auf Anhieb sympathisch. Sie besteht auch die letzte Hürde, einen Aufnahmetest, und ergreift ihre letzte Chance auf einen Ausbildungsplatz.

Im CJD Berlin lernt Diana, mit ihren Stärken und Schwächen umzugehen. Bei Praktika geht sie aus sich heraus und zeigt, was sie kann. Wenn sie in der Berufsschule mit einem Thema nicht zurechtkommt, erklären es ihr die Förderlehrer so lange, bis sie es versteht. Bei Auseinandersetzungen mit der Ausbilderin und dem Sozialpädagogen kann Diana inzwischen mit ihrem Temperament umgehen. Sie lernt, mit anderen im Team zu arbeiten. In vielen Gesprächen mit den CJD Mitarbeitenden findet sie heraus, was sie wirklich will und was sie erreichen kann.

Jetzt ist Diana 25 und im dritten Ausbildungsjahr kurz vor ihrem Abschluss. Sie ist dankbar für die Hilfe, die sie erhalten hat, und sie ist stolz, dass sie ihr Leben in die Hand genommen hat.

Als Erwachsener Lesen und Schreiben lernen

Ulrich liest am Morgen beim Frühstück konzentriert die Überschriften der Zeitung. Wenn der 50-Jährige zu seiner Arbeitsstätte im **CJD Ribnitz-Damgarten** geht, begrüßt er fröhlich seine Kolleginnen und Kollegen. Dann fängt er an, eine Vase aus Ton aufzubauen, deren Design er sich selbst überlegt hat.

Ulrich war nicht immer so fröhlich und zufrieden mit seiner Arbeit. Die Schule schließt er mit der fünften Klasse ab, aber Lesen und Schreiben beherrscht er als Jugendlicher nicht. Lange Zeit lebt er bei seinen Eltern, bis er in ein Heim kommt, in dem er seine kreative Begabung aber nicht entfalten kann.

Mitte der Neunzigerjahre kommt Ulrich ins CJD Ribnitz-Damgarten. Er bezieht ein Zimmer im Wohnheim und bekommt einen Arbeitsplatz in der Werkstatt für Menschen mit Behinderung. Gegenüber seinen Mitbewohnern und Kollegen ist er sehr zurückhaltend, aber die CJD Mitarbeitenden helfen ihm, sich einzuleben. In Einzelstunden unterstützen sie ihn, das Alphabet zu beherrschen, und Ulrich lernt, Sätze zu lesen und auch zu schreiben. Über diese neue Fähigkeit freut er sich sehr, sie gibt ihm Selbstvertrauen.

In der Werkstatt wird Ulrichs kreatives Talent schnell erkannt, und er kommt in den Bereich Kunsthandwerk/Keramik. Die Arbeit mit Ton regt ihn immer wieder zu neuen Formen und Figuren an. Er lernt immer besser, mit dem Material umzugehen, und darf schließlich seine Ideen selbständig umsetzen. Für seine Mitarbeitenden im Keramikbereich ist er ein Vorbild.

Mit Testen – Informieren – Probieren zum Beruf

Victor kam im Alter von 14 Jahren als Aussiedler mit seinen Eltern aus Kirgisien nach Deutschland. Er hatte nur geringe deutsche Sprachkenntnisse.

In Kirgisien hatte er bereits die Schule abgeschlossen, dies wurde ihm als Hauptschulabschluss anerkannt. Über seine beruflichen Ziele war Victor sich in der neuen Umgebung noch nicht klar geworden. So kam er mit 17 Jahren zum CJD in den TIP-Lehrgang (Testen – Informieren – Probieren). Dort können sich Jugendliche drei Monate lang unter pädagogischer Anleitung eine berufliche Perspektive erarbeiten. Victor wurde rasch klar, dass er zum Metallbereich, speziell zum Kfz-Handwerk, tendiert. Dort eine Lehrstelle zu erhalten, war ihm aber aufgrund der unzureichenden Sprachkenntnisse und seiner sehr zurückhaltenden Art nicht möglich.

Auf Anraten seines Berufsberaters beim Arbeitsamt besuchte Victor daher den Grundausbildungslehrgang im **CJD Speyer.** Die zuständigen Sozialpädagogen bemühten sich gemeinsam mit ihm intensiv um einen Praktikumsplatz in einem Kfz-Betrieb. Victor absolvierte das Praktikum, einen wesentlichen Bestandteil des Grundausbildungslehrgangs, bei einer angesehenen Kfz-Niederlassung in Speyer. Daneben erhielt er im CJD Stützunterricht, um schulische Defizite aufzuarbeiten, sowie Sprachförderung.

Victor blühte sichtlich auf und arbeitete mit viel Engagement. Bereits nach kurzer Zeit wurde er zu einem der Besten in seiner Berufsschulklasse. Auch im Praktikum zeigte der Jugendliche so viel Geschick und Einsatz, dass er nach einem Jahr von einem Betrieb direkt in das zweite Lehrjahr eines regulären Ausbildungsverhältnisses übernommen wurde. Inzwischen ist Victor im dritten Lehrjahr und auf dem besten Wege zu einem erfolgreichen Abschluss seiner Ausbildung.

Ohne Schule keine Zukunft

Sabine freut sich auf ihre Zukunft. Sie will Friseurin werden und hat bereits eine Lehrstelle in Aussicht. Die 16-Jährige hat die Verantwortung für ihr Leben übernommen, und sie merkt, dass es Spaß machen kann. Vor einem Jahr sah ihr Leben noch anders aus: Sabine verweigerte sechs Monate lang den Schulbesuch und machte damit ihre Zukunftsaussichten selbst zunichte.

Sabine ist zehn Jahre alt, als ihre geliebte Patentante stirbt. Bis dahin hat sie keine Probleme in der Schule, aber dann geht es bergab. Sie gerät in eine Clique, die zum Zeitvertreib Drogen nimmt und wilde Autorennen veranstaltet. In ihrer Klasse wird sie wegen ihrer Körperfülle gehänselt. Aus Angst traut sie sich nicht mehr ins Klassenzimmer. Sabine weiß nicht mehr, was sie tun soll. Die Zukunft erscheint ihr rabenschwarz, und es ist ihr alles egal.

Als das Jugendamt bei Sabines Mutter anklopft, fällt diese aus allen Wolken. Zu dieser Zeit geht Sabine bereits ein halbes Jahr nicht mehr in die Schule. Die berufstätige Frau hat von der Verweigerung nichts mitbekommen: Sabine war jeden Tag mit der gepackten Schultasche aus dem Haus gegangen. Zwar hatte sie oft über Bauch- und Kopfschmerzen geklagt, aber der Hausarzt stellte jedes Mal bereitwillig eine Krankmeldung aus.

Der Richter droht Sabine mit Jugendarrest und brummt ihr 160 Sozialstunden für die Fehlstunden in der Schule auf. „Diese Drohung habe ich gebraucht", sagt die Jugendliche – und wacht auf. Sie arbeitet ihre Sozialstunden in einem Altenheim ab, eine gerechte und hilfreiche Maßnahme nach ihrer Meinung.

Gleichzeitig nimmt Sabine im **CJD Kirchheimbolanden** an dem Schulverweigerer-Projekt „Mit Aktion aus der Passivität" teil. Bei Gesprächen mit den CJD Mitarbeitenden wird ihr klar, dass sie sich ohne Schulabschluss ihre Zukunft verbaut. Sabine überlegt zum ersten Mal, was sie gerne in ihrem Leben machen will. Sie entscheidet sich dafür, aus der Schule ganz auszusteigen und in einem Berufsvorbereitungsjahr ihren Hauptschulabschluss nachzuholen. Die CJD Mitarbeitenden unterstützen sie bei ihren Gesprächen mit den Eltern und der Schule.

Im Berufsvorbereitungsjahr entdeckt Sabine ihr Interesse an der Arbeit als Friseurin. Bei einem Praktikum in einem Friseurladen macht sie durch ihre fröhliche und gewissenhafte Art einen so guten Eindruck, dass die Chefin ihr einen Ausbildungsplatz anbietet.

Durchhalten und stark sein!

Melanie ist 19 Jahre alt, als sie im März in die Mädchenwohngemeinschaft des **CJD Freiberg** kommt. Sie hat viel Zeit in Kinderheimen und Kliniken verbracht, sehnt sich nach Zuneigung und Aufmerksamkeit. Melanie hat keinen Hauptschulabschluss und auch das Berufsvorbereitungsjahr hat sie abgebrochen. Das seelisch angeschlagene Mädchen entschließt sich für ein fünfmonatiges Praktikum in der CJD Gärtnerei. Während dieser Zeit empfiehlt ihr die Agentur für Arbeit nach einer Begutachtung des psychologischen Dienstes eine Reha-Ausbildung zu machen. Bedingung hierfür: die regelmäßige Teilnahme an einer berufsvorbereitenden Maßnahme.

Melanie kann mit Problemen sehr schwer umgehen, verletzt sich selbst, läuft oft weg und hat Sehnsucht nach einem Klinik-Aufenthalt. Dort kümmert man sich immer um sie und umsorgt das Mädchen. Melanie überlegt oft, die Maßnahme abzubrechen. Doch mithilfe ihrer acht CJD Mitbewohnerinnen und ihrer Ausbilder macht sie weiter.

Im November wird Melanie schwanger, entscheidet sich für ihr Kind. Sie hält sich während ihrer Schwangerschaft oft außerhalb der Einrichtung auf und distanziert sich von der Gruppe. Ende des Jahres erleidet Melanie eine Fehlgeburt und muss operiert werden.

Körperlich hat sie diesen Schicksalsschlag gut verkraftet – seelisch ist die junge Frau schwer belastet. Sie führt lange Gespräche mit den Sozialpädagoginnen und ihren Freundinnen aus der Wohngruppe.

Inzwischen steht Melanie kurz vor dem Abschluss der berufsvorbereitenden Maßnahme und hat bereits die Zusage zu einer Lehre als Bürokraft. Trotz aller Schwierigkeiten und Probleme will Melanie ihren eigenen Weg gehen. In der Wohngruppe hat Melanie gelernt, dass es sich lohnt, sich schwierigen Situationen zu stellen, Probleme zu erkennen und durchzuhalten.

Ein Schuldenberg ist nicht das Ende

Markus hat viele Probleme mit seinen vier Geschwistern, vor allem mit seinem älteren Bruder. Er wird von ihm verprügelt und gequält. Irgendwann schlägt Markus zurück. Als er 15 ist, eskaliert die Situation. Nach einem Gerichtsbeschluss darf er seinem Bruder nicht mehr näher kommen als 100 Meter.

Nach der Schule zieht Markus mit seiner damaligen Freundin zusammen und beginnt eine Lehre im Garten- und Landschaftsbau. Die Freundin verbietet ihm den Kontakt mit seiner Familie und leert ohne sein Wissen sein Konto. Markus nimmt mehrere Nebenjobs an und verdient schließlich 3 500 Euro im Monat, aber er kommt mit dem Geld nur eine Woche aus. Er fällt selbst in eine Kaufsucht und begeht EC-Karten-Betrug. Schließlich hat er über 25 000 Euro Schulden.

Markus weiß nicht mehr weiter. Dreimal versucht er, sich umzubringen. Mit 20 Jahren kommt er mehrere Monate in eine psychiatrische Klinik. Die Ärzte stellen bei ihm eine Borderline-Störung in fünf Richtungen fest, eine psychische Erkrankung, die an der Grenze (= Borderline) zwischen Neurose und Psychose liegt: Die Betroffenen wirken häufig angepasst und gesund, leiden aber gleichzeitig unter tief greifenden Persönlichkeitsstörungen. Markus ist vor allem gegenüber Männern aggressiv und depressiv. Als er aus der Klinik entlassen wird, sucht er sich einen Betreuer, um auch seine finanziellen Probleme in den Griff zu bekommen.

Für seine berufliche Ausbildung wird Markus ins **CJD Berufsbildungswerk Frechen** vermittelt. Er beginnt eine Lehre zum Verkäufer, gleichzeitig macht er eine Therapie. Die Angebote und die Betreuung im CJD – vor allem das Volleyballspielen – helfen Markus, seine Aggressivität in den Griff zu bekommen. Er beginnt, sich in vielen Gremien des Berufsbildungswerks zu engagieren: Er wird erster Vorsitzender der Teilnehmervertretung, arbeitet in einer religionspädagogischen Gruppe mit, bei einer einrichtungsinternen Zeitung und bei einer Radiosendung. Außerdem spielt er Theater und singt solistisch.

Heute ist Markus 22 Jahre alt. Inzwischen ist er schuldenfrei. Mit einem Notenschnitt von 1,1 ist er der Beste seines Jahrgangs. In einem Jahr macht er seine Abschlussprüfung und will mit seiner Freundin, mit der seit zwei Jahren zusammen ist, in eine gemeinsame Wohnung ziehen. Außerdem möchte er eine Lehre im Garten- und Landschaftsbau anschließen. Eine Ausbildungsstelle hat er bereits zugesagt bekommen.

Auch eine Mutter kann weiterlernen

Svenja will es schaffen, unbedingt. Sie steht kurz vor dem Abschluss ihrer Ausbildung zur Hauswirtschafterin, die sie im **CJD Ilmenau** absolviert. Während andere junge Menschen in den drei Jahren Lehre kleinen Höhen und Tiefen erleben, muss die 23-Jährige Probleme bewältigen, die ihr viel zu groß sind.

Svenja hatte die Schule ohne Hauptschulabschluss verlassen. Auch bei einem Berufsvorbereitungsjahr und anschließend bei einem Förderlehrgang im CJD Ilmenau schafft sie den Hauptschulabschluss nicht. Durch ihren Willen und mit Sturheit setzt sie durch, dass sie eine Vollausbildung zur Hauswirtschafterin im CJD Ilmenau starten kann. Die CJD Mitarbeitenden unterstützen sie dabei. Im Unterricht muss sie viel nachholen, dabei hilft ihr der Stützunterricht. Schulden und familiäre Missverständnisse belasten sie.

Zu Anfang des zweiten Lehrjahres wird Svenja schwanger, im April wird ihr Sohn geboren. Sie nimmt die Zeit des Mutterschutzes und der Elternzeit. Weil sie so lange fehlt, hat sie anschließend kaum noch den Mut, ihre Lehre fortzuführen. Die Mitarbeitenden des CJD Ilmenau verhandeln mit der Agentur für Arbeit — und Svenja kann eineinhalb Jahre nach der Geburt ihres Sohnes das zweite Lehrjahr wiederholen.

Drei Monate nach Beginn des zweiten Lehrjahres stellt Svenja fest, dass sie wieder schwanger ist. Sie hat fast einen psychischen Zusammenbruch. Doch sie entscheidet sich für das Kind, und ihre Tochter wird im Mai geboren. Der Vater übernimmt die Zeit des Mutterschutzes und der Elternzeit, und Svenja kann im Oktober ins dritte Lehrjahr einsteigen. Die kleine Tochter bekommt schweres Asthma und hat oft Anfälle, aber die Eltern meistern mit großem Einsatz die Schwierigkeiten. Trotz der großen Belastung und Verantwortung arbeitet Svenja beharrlich daran, weiterzukommen, und fehlt nur selten in der Ausbildung.

Nun stehen bald ihre Abschlussprüfungen an. Svenjas Ausbildungsteam ist sich sicher, dass sie die praktische Prüfung bestehen wird, auch der Hauptschulabschluss ist nahe. Die Chefin ihres letzten Praktikums ist sehr zufrieden mit Svenjas Arbeit. Da ihre Tochter durch ihre Krankheit nicht in einer Krippe untergebracht werden kann, will sich Svenja für eine geringfügige Beschäftigung bewerben.

Ein Stiller entdeckt sein Verkaufstalent

Sven steht auf Kriegsfuß mit Schulen. Nach acht Schuljahren fliegt er von der Hauptschule. Seinen Hauptschulabschluss holt er in einem Berufsvorbereitungsjahr nach, doch Ausbildungen zum Maler, Hochbaufacharbeiter und Teilezurichter scheitern, weil Sven zu häufig in der Berufsschule fehlt. Seine Mutter ermöglicht ihm ein Leben mit Markenkleidern und Mercedes, aber bei ihrer neuen Beziehung fühlt sich Sven als drittes Rad am Wagen.

Mit 18 begleitet er einen Freund beim Besuch der Vermittlungsagentur für junge Leute „L.M.A.A. – LasstMichAuchArbeiten" des **CJD Insel Usedom-Zinnowitz.** Sven ist beeindruckt, als sein Freund tatsächlich Arbeit findet, und macht selbst einen Termin aus. Bei dem Gespräch ist er wortkarg, aber die Beraterin merkt, dass Sven arbeiten will, um von seiner Mutter unabhängig zu werden. Eine Ausbildung kann er sich wegen der Berufsschule nicht vorstellen.

Über die gemeinnützige Arbeitnehmerüberlassung im CJD wird Sven vier Monate als Elektrikerhelfer eingestellt, danach arbeitet er ein halbes Jahr als ABM-Kraft im CJD. Die Arbeit motiviert den jungen Mann, er kann sich nun sogar eine Ausbildung vorstellen. Gemeinsam mit der Beraterin beginnt die Suche nach einem Berufsziel, denn bisher hat Sven keine Entscheidung selbst treffen müssen und daher keine Ahnung, was er eigentlich will.

Sven entdeckt durch einen Berufsinteressentest, dass er Verkäufer werden möchte. Um das Arbeitsamt von der Festigkeit seines Wunsches zu überzeugen, absolviert er ein Praktikum bei einem Supermarkt, das er selbst organisiert hat. Die Beurteilung fällt sehr gut aus. Die Beraterin organisiert ihm eine Ausbildung bei einem Bildungsträger.

Inzwischen ist Sven 21 Jahre. In seiner Lerngruppe mit sieben Teilnehmern ist er der Älteste. Die jüngeren Mitschülerinnen und Mitschüler profitieren von seinen Erfahrungen. Sven hat durch seine guten Leistungen und durch seine aufgeschlossene Art eine wichtige Stellung in der Gruppe, und die Ausbildung macht ihm Spaß.

Wilhelm W. Reinke

1963 geboren in Braunschweig

1986–1993 Studium der Germanistik und Kunstpädagogik an der Universität Braunschweig

1993–1995 Studium der Freien Kunst an der Hochschule für Bildende Künste in Braunschweig

1992 Praktikum Portraitphotographie bei Ute Karen Seggelke, Hamburg

1994 Photoseminar bei Herlinde Koelbl, Schloss Waldeck

1995 Praktikum Theaterphotographie bei Thomas Lang, Braunschweig

seit 1996 Mitarbeiter im CJD

Buchveröffentlichungen

1992 „Dank des Künstlers", Edition q, Berlin; 1994 „Das Auge des Künstlers", Cantz, Stuttgart; 1996 „Akt-Zitate", Edition Stemmle, Zürich; 1999 „LP", Sonderedition, WestLB, Hamburg; 2000 „Berliner Gräber", Stapp Verlag, Berlin; 2003 „Hochbegabte – Eine glückliche Kindheit", Nicolai, Berlin

Seit 1987 zahlreiche Einzel- und Gemeinschaftsausstellungen, unter anderem im Museum für Photographie (Braunschweig) sowie in der Galerie Luise (Hannover), der Fotogalerie Wien (Wien), der Galerie Art&Arche (Schloss Wendhausen), dem Fotomuseum (Leipzig), dem Filmmuseum (Berlin), der Galerie Raber (Koblenz), dem Haus der Begegnung (Berlin). Wilhelm W. Reinke lebte und arbeitete viele Jahre lang in Berlin.

Hartmut Hühnerbein

Pfarrer Hartmut Hühnerbein (Jahrgang 1949) absolvierte eine Ausbildung zum Speditionskaufmann und studierte Pädagogik an der Evangelischen Fachhochschule Rheinland-Lippe, Bochum/Düsseldorf. Dem Aufbaustudium der Evangelischen Theologie der Westfälischen Landeskirche folgte 1977 die Ordination zum Pastor.

Seit über 30 Jahren arbeitet Hartmut Hühnerbein im CJD (Christliches Jugenddorfwerk Deutschlands e. V.). An der Spitze des Bildungsunternehmens steht er seit dem Jahr 2000. Als ordinierter Pastor ist er Mitglied im Vorstand des CVJM-Gesamtverbandes Deutschland sowie in zahlreichen Gremien der evangelischen Kirche, so zum Beispiel in der Synode der Evangelischen Kirche Deutschlands (EKD). Hartmut Hühnerbein ist nach dem Tod seiner Frau zum zweiten Mal verheirat und hat sieben Kinder.

Buchveröffentlichungen

1997 „Jedem seine Chance: leben, lernen und leben lernen – 50 Jahre Christliches Jugenddorfwerk Deutschlands e. V." Sachsenheim: Burg-Verlag, 1997

2000 „Nachgefragt ... Glauben – wie komme ich dazu?" Mit Andreas Dierssen. Neukirchen-Vluyn: Aussaat-Verlag

2003 „Fenster der Hoffnung – Licht und Luft für die Seele". Mit Andreas Dierssen. Neukirchen-Vluyn: Aussaat-Verlag

2005 „Einfach glauben – Wichtige Themen verständlich erklärt". Mit Andreas Dierssen. Neukirchen-Vluyn: Aussaat-Verlag

2007 „Keiner darf verloren gehen! Das Leben des CJD-Gründers Arnold Dannenmann". Mit Jörg Möller. Holzgerlingen: Hänssler Verlag